Bébé sagittaire

Dessins : **Tybo**
Textes : **Goupil**
Couleurs : **Grisseaux**

A Charlotte, Nicolas, Romain, Witold
et Juliette

Editions Vents d'Ouest
31-33, rue Ernest Renan
92130 Issy les Moulineaux
Tél. 40 93 01 01
Fax. 40 93 05 58

© 1995 Editions Vents d'Ouest
Dépôt légal Janvier 1995
ISBN : 2 86967 341 8

Imprimé en France
par Ouest Impressions Oberthur
35000 Rennes

VIVE *Bébé*

Bébé Sagittaire est un idéaliste

Qui est en général chanceux et optimiste.

Anarchiste et conformiste à la fois,

Il est aussi superficiel et utopiste.

Il a de la vitalité, de l'audace et pas mal d'insouciance

Mais il est aussi un petit peu vantard.

D'un tempérament très enthousiaste,

C'est un dormeur qui aime le mouvement et l'activité

Et qui de plus est très gourmand.

Bébé

ET LES AUTRES

Avec les autres, bébé Sagittaire est protecteur, chaleureux,

Très gentil et assez généreux.

En général, il se fait remarquer car il est extravagant.

Susceptible, il supporte mal la critique.

Paternaliste, patriarche même, il est très autoritaire,

Mais aussi assez indépendant.

Et il a besoin de l'autre, car il aime l'image du héros.

L'AVENIR DE *Bébé*

Corps sain dans un esprit sain, il est attiré par le sport,

Et peut vouloir pratiquer l'athlétisme.

Comme il aime l'aventure, il pourra aussi faire de l'escrime

Ou de l'exploration archéologique.

Plus tard, il pourra choisir un métier lié au cheval, jockey

Ou entraîneur de chevaux de courses,

Car il aime placer son argent de façon hasardeuse.

Il peut aussi choisir un métier ayant un rapport avec la religion.

Côté santé, il se soigne irrégulièrement, par la médecine naturelle,

Car il redoute les médecins

UN BÉBÉ SAGITTAIRE CÉLÈBRE

Coller ici
la photo
de votre
bébé

Ce livre appartient à : .... Né(e) le : ....

LES GUI

du jeune père,
du self-control à l'
et du petit coin
Pour se tordre d

Des albums où l'humour et
des albums à